Devine pour chaque lettre demandée, le véhicule qui lui correspond

Exemple: "Je devine un véhicule commençant par A"

Réponse: Avion

AMUSE

TOI

BIEN

Je devine un véhicule commençant par la lettre

Bus

commence par

B

Je devine un véhicule commençant par la lettre

Voiture V

commence par

Je devine un véhicule commençant par la lettre

Avion

commence par

A

Je devine un véhicule commençant par la lettre

T

Tracteur

commence par

T

Je devine un véhicule commençant par la lettre

F

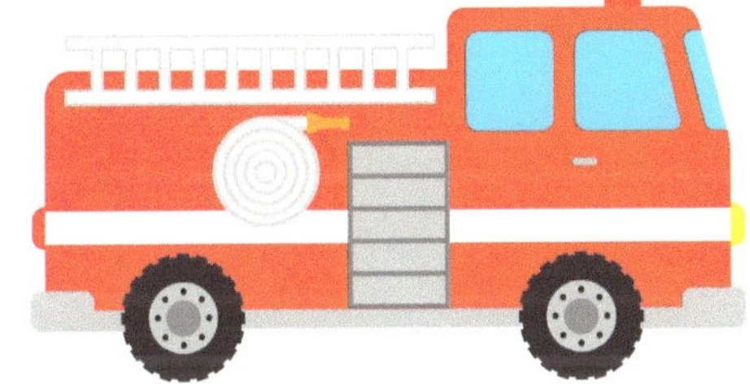

Fusée

commence par

F

Je devine un véhicule commençant par la lettre

Camion

commence par

C

Je devine un véhicule commençant par la lettre

Ambulance

commence par

A

Je devine un véhicule commençant par la lettre

Sous-marin

commence par

S

Je devine un véhicule commençant par la lettre T

Tank

commence par

T

Je devine un véhicule commençant par la lettre

H

Hélicoptère

commence par

H

Je devine un véhicule commençant par la lettre

F

Fourgon

commence par

F

Je devine un véhicule commençant par la lettre

Pelleteuse

commence par P

Je devine un véhicule commençant par la lettre

B

Bateau

commence par

B

Je devine un véhicule commençant par la lettre

Voilier

commence par

V

Je devine un véhicule commençant par la lettre

Train

commence par

T

Je devine un véhicule commençant par la lettre

Remorqueuse

commence par R

Je devine un véhicule

commençant par la lettre

P

AMBULANCE

Paquebot

commence par

P

Je devine un véhicule commençant par la lettre

G

Grue

commence par G

Je devine un véhicule commençant par la lettre T

Taxi

commence par

T

Nous espérons que ce

livre t'as plu.

Laisse nous une note et un

commentaire sur

notre page Amazon:

Editions Eaha.

Et retrouves-y tout nos autres livres.